Mantener, criar y entrenar caballos de forma natural

El libro del caballo para disfrutar más de la equitación y estrechar el vínculo con tu caballo - incl. guía de salud

Paula Meyerhoff

CONTENIDO

De qué tratará

En esta guía, me gustaría darte una idea de cómo mantener, educar y entrenar a tu caballo como compañero. La atención se centrará en el factor del manejo natural. Se transmitirán conocimientos teóricos básicos con las correspondientes sugerencias prácticas. Mientras tanto, se tratarán temas como la comunicación entre humanos y caballos y la cría adecuada a cada especie. Los recién llegados al campo de la "equitación" obtendrán una visión completa de la mentalidad de los amigos de cuatro patas y del "saber hacer" ecuestre. Los jinetes experimentados que ya llevan a su caballo a competiciones también encontrarán todo lo que necesitan, desde un cambio de aires en el entrenamiento hasta clases de doma.

Cuando se trabaja con caballos jóvenes, se trata mucho el tema del adiestramiento.

No prescribo la forma "correcta" o "incorrecta" de montar a caballo. Esta guía no es más que una recomendación sobre cómo tratar a los caballos de forma adecuada a su especie. Quiero transmitirte cómo puedes animar a los caballos sin obligarles a hacer nada antinatural, y cómo puedes pasar tiempo con ellos junto a la equitación.

El objetivo primordial de todos los temas debe ser el disfrute de la equitación y la armonía con el caballo como compañero.

Comprender al caballo como animal

Para poder trabajar con caballos, primero hay que entenderlos. Puede que no hablen nuestro idioma, pero se expresan muy claramente. Antes se suponía que los caballos seguían un patrón estímulo-respuesta, pero pronto se vio que son muy capaces de pensar y lo hacen de forma muy individual. Los humanos podemos reaccionar a lo que piensan si interpretamos correctamente el comportamiento de un caballo. Puedes comprenderlos aceptándolos fundamentalmente.

Los caballos son animales huidizos y, por tanto, siempre están alerta y curiosos cuando no se encuentran en un entorno seguro o en una manada. Se dan cuenta inmediatamente de cuándo una situación puede volverse peligrosa. A menudo les parece divertido si sólo se trata de una rama tirada en el camino, por ejemplo. Pero cualquier cosa que parezca inusual puede suponer un peligro. Con este conocimiento previo, las situaciones pueden mitigarse y evitarse de antemano poniéndonos en el lugar del caballo.

Los caballos muestran su estado de ánimo a través de los sonidos, el tacto y los cambios de postura. Puedes reconocer claramente cómo se siente un caballo o dónde está su atención por la posición de sus orejas. Pero también puedes ver en los ojos del caballo, como en los de los humanos, en qué estado de ánimo se encuentra.

Si observas a los caballos en una manada, podrás determinar rápidamente quién es el perro alfa y quién es el "desvalido", es decir, el animal de rango inferior. En una manada de caballos, suele haber una lucha por la jerarquía. Sin embargo, no se trata sólo de quién tiene más fuerza. Los caballos también prestan atención a las experiencias de comportamiento y a las habilidades sociales. Para las personas que quieren trabajar con caballos, el conocimiento de la jerarquía es extremadamente importante, porque los caballos también ponen a prueba el rango en los humanos y esto puede llevar a situaciones peligrosas en caso de emergencia. Por eso debes prestar siempre atención a cómo te presentas ante un caballo.

Los caballos tampoco quieren necesariamente ser el jefe. Aunque una posición de alto rango les resulte atractiva, suelen buscar seguridad y protección tanto de congéneres como de humanos. Por ejemplo, si un caballo se tumba en presencia de un humano, es una gran señal de confianza, ya que entonces se siente lo bastante seguro como para renunciar a observar su entorno y hacerse "vulnerable".

Una base natural y sana para la cría

Todas las necesidades del caballo deben respetarse en su mantenimiento. Para su salud física y mental, necesitan luz, aire, mates y ejercicio. Los caballos son animales corredores y se mueven en la naturaleza hasta 16 horas al día. Por eso, la forma en que se les mantiene debe permitir sobre todo el movimiento. Mantener a un caballo en un box todo el día es práctico porque siempre está disponible, es fácil de alimentar y suele estar limpio, pero es cruel con los animales. Por eso, en la estabulación clásica, debe garantizarse suficiente ejercicio en el prado con la oportunidad de contacto social con los "compañeros".

Si un caballo hace demasiado poco ejercicio, el aburrimiento se refleja rápidamente en un mal comportamiento, como el corcoveo y el zangoloteo. Al corcovear, el animal clava los dientes en un objeto horizontal, tensa los músculos de la parte inferior del cuello y aspira aire hacia el esófago, produciendo un eructo. El balanceo se caracteriza porque el animal pasa de una pata delantera a la otra y separa las patas. La cabeza suele girar o estirarse hacia arriba al mismo tiempo. Ninguno de los dos trastornos de comportamiento es físicamente perjudicial, pero nos indican que están sometidos a estrés psicológico.

Para que la estabulación sea lo más cómoda posible, conviene adaptar el establo a las necesidades del caballo. Con tanta luz, aire y espacio para moverse como sea posible, idealmente incluso un prado vecino, el box será más apropiado para la especie. Sobre todo, el tamaño del box debe ser adecuado al tamaño corporal del caballo.

Los caballos se sienten más cómodos en un establo suelto o abierto. Pueden hacer suficiente ejercicio y, sobre todo, tener contacto con sus compañeros.

LA ALIMENTACIÓN

Además de ejercicio suficiente, una dieta equilibrada también forma parte de una cría adecuada a la especie. Esto no significa que sólo sea mejor la comida más cara o más "exquisita".

Con los conocimientos adecuados sobre el físico, las necesidades y la digestión del caballo, tienes una buena base para elaborar el pienso adecuado para tu caballo. Para caballos con problemas de salud o caballos de deporte, es aconsejable buscar asesoramiento profesional. La paja, el heno, el ensilado (forraje verde conservado por fermentación) o la hierba constituyen la base de una alimentación equilibrada. Aportan fibra, que elimina las sustancias nocivas del aparato digestivo, lo favorece en general y limpia los intestinos. Un caballo debe recibir aproximadamente 1,5 kg de forraje por cada 100 kg de peso al día. Para un animal de 700 kg, por ejemplo, serían 10,5 kg de heno, hierba, etc. al día.

Además del forraje basto, puede suministrarse pienso concentrado, según el grado de entrenamiento del caballo. Si el caballo no obtiene suficiente energía del forraje, puede complementarse con diversos mueslis o pellets. Éstos contienen mucho grano, aceite, vitaminas, minerales y oligoelementos como selenio o zinc. A los caballos de deporte también se les suele dar avena. Durante décadas, ha sido el proveedor de energía con el que todos cuentan, y a los caballos les encanta. Los aceites, como los obtenidos de las semillas de lino, pueden contribuir a la resistencia del caballo. A los caballos de carreras se les suele dar pienso mineral adicional, que contiene mucho hierro, selenio y cobre, para garantizarles un aporte adecuado de nutrientes. Para las yeguas que amamantan a sus potros, hay piensos compuestos especiales, ricos en proteínas, que les proporcionan una nutrición suficiente.

Cuando los potros se destetan de la leche materna, también necesitan más proteínas, que hay que suministrarles.

El pan, las zanahorias, las manzanas, los plátanos y similares pueden añadir variedad a la dieta. Pero se recomienda precaución: El azúcar y la levadura del pan son perjudiciales en exceso, por lo que sólo debe suministrarse en pequeñas cantidades.

El estómago del caballo es pequeño. Por lo tanto, es importante asegurarse de que todo se alimenta en pequeñas cantidades regularmente a lo largo del día y no todo de una vez. Lo ideal es que los caballos puedan pastar en un prado durante el día, de modo que, además del pienso concentrado, una gran parte del forraje ya esté cubierto.

LA SALUD - EL TODO Y EL FIN

Tienes que asumir una gran responsabilidad con los caballos. Sobre todo cuando se trata de la salud de estos amigos de cuatro patas. El acicalamiento diario, en particular, sirve para mantenerlos sanos. No sólo se acicala al caballo, sino que también se comprueba que no tenga garrapatas, pequeñas heridas o zonas demasiado calientes. Esto puede prevenir enfermedades graves que pueden transmitir las garrapatas, por ejemplo. Especialmente después de que un caballo haya estado en el prado o haya caminado por hierba alta, hay que revisarlo a fondo en busca de garrapatas. Si observas una herida abierta durante el acicalamiento, límpiala cuidadosamente antes. Después puede aplicarse una pomada antiséptica (desinfectante), como la pomada de yodo. Si se observan puntos calientes, hay que observarlos sin falta. Si la zona se hincha, por ejemplo, puede ser un signo de daño tendinoso. Sin duda, un veterinario debe examinar la zona.

Muchos propietarios temen pasar por alto posibles síntomas y no tomar las medidas adecuadas a tiempo. Por eso es importante estar informado sobre los síntomas más frecuentes, sus consecuencias y su tratamiento.

PLANTAS VENENOSAS

Para evitar el envenenamiento, es importante revisar el prado con regularidad. Siempre pueden crecer en él plantas perjudiciales para los caballos. Entre ellas están **el acónito y el acónito,** ambas fácilmente reconocibles por su color brillante y sus flores en forma de sombrero. El **tejo es** una de las plantas más venenosas para los caballos. Es una conífera que suele encontrarse en forma de arbusto. En primavera, se reconoce fácilmente por sus frutos redondos y rojos. Otro ejemplo es **la artemisa,** que suele encontrarse en los prados. Mide entre 30 y 100 cm de altura y sus tallos alargados están cubiertos de flores de unos 2 cm, sobre las que hay unas 13 hojas amarillas. El **sicomoro**, la **hierba de San Juan**, la **falsa acacia**, **el boj** y muchas **plantas y flores decorativas también son** venenosas para los amigos de cuatro patas.

La intoxicación por plantas puede producirse inmediatamente o al cabo de días o semanas. Los síntomas típicos son sudoración, problemas respiratorios, temblores, espuma en la boca, diarrea y cólicos.

CÓLICOS - ALERTA ROJA

El cólico es probablemente lo que más temen los jinetes, ya que esta afección puede ser cuestión de vida o muerte. El término cólico es un término colectivo para cualquier tipo de dolor en el abdomen del caballo. En la mayoría de los casos, el cólico es el resultado de un calambre intestinal. Esto ocurre debido a alteraciones en los intestinos. Cuando hay una alteración, aumenta el movimiento intestinal y otras partes se acalambran hasta que el intestino deja de funcionar. Como consecuencia, el caballo ya no puede defecar y el intestino se obstruye. De este modo pueden desarrollarse varios tipos de cólico. Un ejemplo sería el cólico que se produce cuando nos alimentamos incorrectamente. Se produce cuando alimentamos incorrectamente. Demasiado grano y azúcar, demasiado poco forraje o simplemente demasiado a la vez dañan los intestinos y provocan estreñimiento.

El pienso también es el desencadenante de la flatulencia o cólico del gas. Esto ocurrirá, por ejemplo, si los caballos no pastan lentamente en primavera y comen hierba fresca de un día para otro. La hierba joven es muy rica en azúcares y proteínas. Si los caballos comen demasiada cantidad de una vez durante su primer paseo por pastos verdes, se producen alteraciones en el equilibrio bacteriano, ya que tantos nutrientes no pueden aprovecharse con suficiente rapidez. Se produce gas, que luego dilata los intestinos porque no puede escapar.

Probablemente el peor tipo de cólico se produce cuando el intestino se anuda. Esto interrumpe el riego sanguíneo, provocando la muerte del tejido. Si el caballo no es operado con la suficiente rapidez, está condenado.

Las formas más leves de cólico no se operan de inmediato; a menudo es suficiente el tratamiento del veterinario en el establo. Hay que llamar inmediatamente al veterinario si notas los siguientes síntomas Inquietud, apatía, mirarse repetidamente la barriga así como dar patadas en la barriga, revolcarse, tumbarse repetidamente y volver a levantarse, tumbarse durante largos periodos en momentos inusuales y respiración agitada. Si se sospecha un cólico, hay que ponerse en contacto inmediatamente con el veterinario. Hasta que llegue el veterinario, es importante prestar los primeros auxilios tomando los valores PAT (pulso, respiración, temperatura). Normalmente, tiene de 28 a 40 pulsaciones y de 8 a 16 respiraciones por minuto, así como una temperatura corporal de entre 37,5 y 38,3 grados centígrados.

Es importante evitar que ingiera alimento. Lo mejor es mover al caballo del suelo en una pista cubierta para que tenga la oportunidad de revolcarse en cualquier momento. Si el caballo permanece tumbado, hay que motivarlo para que se levante. Sólo si la frecuencia del pulso es de 60 o superior, no es aconsejable mover al caballo, ya que esto puede provocar un colapso. En general, mantén la calma y presta atención al comportamiento del caballo hasta que llegue el veterinario.

EL CONTROL VETERINARIO

Si cuidamos y mantenemos a los caballos con esmero y de forma adecuada a su especie, esto supone más de la mitad de la batalla para mantener su salud. Sin embargo, es aconsejable realizar algunos exámenes veterinarios.

En general, al comprar un caballo debe realizarse una inspección de compra. Como ocurre con los coches, también existe una ITV para los amigos de cuatro patas, que lo comprueba todo una vez. Una inspección de compra es prácticamente una pequeña ITV. El comprador decide exactamente qué se examina. Deben identificarse las enfermedades o lesiones graves. En la pequeña ITV, se comprueban previamente la piel y el pelaje, se ausculta el corazón y los pulmones y se toman el pulso, la frecuencia respiratoria y la temperatura. A continuación se examinan los ojos, el sistema respiratorio y nervioso, el corazón, la boca y las manzanas del caballo para detectar anomalías. También se comprueba el sistema musculoesquelético. El dorso se comprueba mediante palpación y las patas se inspeccionan mediante estiramientos. Haciendo trotar al caballo hacia delante, el veterinario puede determinar si el animal camina sin problemas ni dolor. Tras el ejercicio, se comprueban repetidamente el pulso y la respiración para diagnosticar cualquier tos o diferencia en los sonidos respiratorios.

También es aconsejable hacer un hemograma si no conoces al vendedor. Esto puede revelar si el animal ha recibido analgésicos u otros medicamentos.

Además de los exámenes menores mencionados, también se hacen radiografías en la ITV principal. Como norma, se incluyen 10 radiografías de las patas para observar más de cerca los cascos, los menudillos y los corvejones. Dependiendo de las anomalías que ya se hayan observado en el caballo en venta, también se harán radiografías de las zonas relacionadas. El veterinario redactará un informe con los resultados del examen, en el que se enumeran varias clases de hallazgos. Un hallazgo no significa necesariamente que el caballo esté enfermo. Dependiendo de la clase, las anomalías deben seguir controlándose durante las visitas rutinarias y debe llevarse a cabo el tratamiento necesario.

Para inmunizar a un caballo contra las enfermedades infecciosas más comunes, deben administrarse determinadas vacunas. Qué vacuna se administra, cuándo y con qué frecuencia depende del animal. Los potros sólo deben vacunarse a partir de los cinco meses de edad, ya que aún no producen las sustancias necesarias para la vacunación. Durante este tiempo, es inmune pasivamente gracias a los anticuerpos contenidos en la leche materna. El modo de cría del caballo, los requisitos de las organizaciones de cría y el uso previsto del caballo también determinan qué se vacuna y cómo. Por lo general, se vacuna contra el tétanos, el moquillo equino (inflamación de las arterias), la gripe equina (influenza) y también contra el virus del herpes (daño nervioso), de reciente aparición.

Las vacunaciones son más eficaces cuando se vacuna a toda la manada de un establo al mismo tiempo. Igual que la desparasitación, que libra al caballo de los gusanos que pueda haber cogido pastando. No cumple su finalidad si no se administra a todos los caballos de una cuadra al mismo tiempo.

La educación

Hay muchas cosas que los caballos deben aprender para que se les pueda manejar sin peligro. A los caballos les gusta ser bruscos con sus compañeros de vez en cuando. Los mordiscos y los codazos forman parte de la vida en manada. Sin embargo, las burlas juguetonas pueden ser peligrosas para los humanos, ya que los animales son mucho más grandes y fuertes. Los caballos son animales abiertos que nos incluyen en su comportamiento social. Necesitan aprender dónde están las diferencias con respecto a sus congéneres. Por tanto, el buen comportamiento debe enseñarse desde la edad del potro. Esto incluye no sólo ganarse el respeto, sino también generar confianza. Ya de potros, los caballos deben dejarse tocar por todas partes. Sin embargo, como nosotros, los humanos, también tienen lugares que les hacen cosquillas. Deben aprender que eso no significa inmediatamente que tengan que "devolver las cosquillas", sino que deben tolerar que les toquen. Esto también facilita el trabajo al veterinario o al herrador.

Debes dejar clara tu posición en la jerarquía en todo momento, porque a los caballos siempre les gusta probar cuál es su posición. Esto puede reconocerse por chasquidos, empujones y empujones. Comportamientos como empujar o dar codazos a los humanos suelen parecer "simpáticos", pero en esos momentos el caballo ve a los humanos como animales de rango inferior. Por lo tanto, el comportamiento debe analizarse siempre detenidamente. Los pequeños juegos de poder forman parte de él, pero hay que reaccionar ante ellos de forma coherente en todo momento.

Un "no" firme o algo similar suele ser suficiente. Si no, entonces debes ser mucho más ruidoso. Si sigue sin reaccionar, un gesto amenazador, un tirón de la cuerda de la correa o una pequeña bofetada pueden ayudar. Si el animal reacciona y deja de ser travieso, hay que elogiarlo. Nuestra postura suele bastar para que el caballo no nos ponga a prueba tan a menudo, siendo tranquilos pero claros y seguros de sí mismos.

Debes reaccionar ante cualquier situación de forma controlada y tranquila. El estrés sólo dificulta el aprendizaje. Tampoco hay que sobrecargar a los animales. Pueden agotarse mentalmente con rapidez y necesitan un tiempo de descanso para procesar las nuevas impresiones. Por tanto, el ritmo de las sesiones de entrenamiento no sólo debe adaptarse al caballo, sino también al contenido.

Estar quieto es un ejercicio importante en el entrenamiento. Como los caballos son animales que corren, a muchos les resulta difícil permanecer quietos. Sin embargo, es la base para que muchos ejercicios y tareas cotidianas se desarrollen sin problemas. Un caballo necesita estar quieto ante el veterinario o el herrador, cuando lo acicalan, ensillan o montan. Por tanto, la orden "¡Quieto!" debe enseñarse ampliamente desde una edad temprana. Ya sea para guiar, atar o rascar, quedarse quieto debe convertirse en algo natural. Practicar cuando se le ata es especialmente útil si hay otro caballo a tu lado que ya puede quedarse quieto. Cuando practiques guiando, asegúrate de que el caballo entiende en qué posición debe estar. Su hombro debe estar cerca del del humano. Una vez que el caballo ha comprendido esto, suele darse cuenta por sí mismo de cuándo va demasiado rápido o demasiado despacio, o de cuándo tiene que parar. La posición correcta al guiar también tiene que ver con quién es el jefe en ese momento. Si el caballo está demasiado adelantado, el humano ya no puede ejercer ninguna influencia. Por tanto, en los aires cotidianos también es importante permanecer atento y constante. Sobre todo con los animales jóvenes.

El adiestramiento también incluye poner y quitar la brida y la silla a cierta edad. Por naturaleza, los caballos no reconocen estos objetos y suelen querer deshacerse de ellos lo antes posible. Por eso la comprensión y la paciencia son tan importantes en el adiestramiento. Si algo no funciona enseguida o el caballo no reacciona como se describe en los libros, no es el fin del mundo. Cada caballo reacciona de forma diferente y tarda más o menos tiempo en aprender o romper el hábito.

Aunque los caballos son animales huidizos, no dejan de ser curiosos. Si tienen miedo de algo o incluso huyen, debes permitirles que observen más de cerca el objeto temido, lo que ayuda a los caballos a aprender rápidamente. Si se practica a menudo la confrontación con objetos inusuales, como cintas ondeantes, paraguas o lonas de plástico, también se reduce la timidez general hacia las cosas desconocidas. En el caso de los caballos especialmente temerosos, a menudo ayuda que un caballo experimentado les guíe y les muestre que no hay peligro, porque los caballos, como los humanos, aprenden con el ejemplo. La repetición de lo aprendido es importante para obtener resultados a largo plazo, independientemente de la edad del animal.

¿EXISTE EL BIEN Y EL MAL?

No. Como acabamos de decir, cada caballo piensa de forma diferente. Por lo general, se pueden seguir las predicciones de comportamiento, pero la realidad siempre depara sorpresas. Los errores forman parte del adiestramiento de los animales, independientemente de que los cometan los humanos o los animales.

Enganchar, motivar y enseñar a los caballos

Los caballos nunca se aburren en la naturaleza. Están ocupados con sus compañeros, buscando comida y observando su entorno para proteger a la manada. Por tanto, hay que ofrecerles suficiente actividad y variedad.

MOTIVACIÓN A TRAVÉS DE LA VARIEDAD

Sobre todo los caballos jóvenes se aburren rápidamente y se desconcentran. Es comprensible que no queramos oír lo mismo todos los días. Por tanto, hay que crear nuevos estímulos una y otra vez. La mejor forma de hacerlo es en la naturaleza. En los paseos o excursiones, a menudo te encuentras con situaciones que te resultan desconocidas. Ya sea un árbol caído o un montón de piedras que no estaba allí la última vez.

JUEGOS DE CABALLOS

Los caballos tienen un fuerte instinto de juego por naturaleza. Los científicos del comportamiento afirman que es incluso un signo de inteligencia superior y les mantiene en forma. Los caballos no sólo pueden jugar en manada, sino que los humanos también podemos divertirnos con ellos. A los caballos perezosos y dormilones se les puede devolver la alegría del movimiento y los caballos molestos se vuelven más equilibrados. Además, los humanos y los animales llegan a conocerse mejor y se refuerza la confianza.

Los objetos sencillos facilitan el juego. Una pelota de ejercicio puede olerse, empujarse o patearse en el pasillo, en el campo o en un prado. También puedes jugar con comida. Con unas golosinas o zanahorias en el bolsillo, puedes "tontear" con los caballos y también jugar a atraparlos. Sin embargo, siempre hay que tener en cuenta que los caballos también pueden volverse demasiado confiados. Por tanto, siempre hay que tener cierta precaución.

TRABAJO EN TIERRA

El trabajo en el suelo, como su nombre indica, se refiere al trabajo con el caballo desde el suelo.

Proporciona variedad en la monta diaria y es la solución perfecta para los caballos que no pueden ser montados durante periodos cortos o largos de tiempo. El caballo se ejercita suavemente y mejora el control corporal. Además del factor ejercicio y variedad, el trabajo desde el suelo refuerza la confianza y tranquiliza al caballo, haciéndole saber que puede confiar en los humanos. Esto también hace que sea mucho más fácil y agradable enseñar cosas nuevas a los caballos.

Un buen ejemplo es la marcha atrás. Puedes preparar perfectamente al caballo para esta lección de doma desde el suelo. Colócate delante del caballo de modo que lo estés mirando. Con el cuerpo erguido y seguro de ti mismo, acércate al animal. Lo ideal es que el caballo se mueva hacia atrás sin que lo toques. Si no es así, suele bastar con un toque suave en el pecho y la palabra "Atrás". Tras unas cuantas pasadas, el ejercicio también funcionará sin tocarlo. Básicamente, cualquier ejercicio puede ensayarse previamente utilizando el trabajo en el suelo. Ya sea caminar por el agua, correr sobre lonas, ejercicios de doma o trabajo de cavaletti. Desde el suelo, los caballos no se enfrentan solos, sino que siempre tienen a su lado a una persona de referencia. Y de eso se trata: de dominar juntos distintos retos.

Si un ejercicio funciona, ya sea al primer intento o después de intentarlo durante mucho tiempo, es importante elogiarlo ampliamente. Sin embargo, no siempre debe hacerse con una golosina. Acariciar entre los ojos también es una recompensa. Una voz tranquila también tiene un efecto gratificante. De lo contrario, ocurrirá en un santiamén y el caballo empezará a realizar tareas sin que se lo pidan para conseguir golosinas. Este tipo de mendicidad debe evitarse desde el principio.

Entrenamiento con clicker

Otro tipo de recompensa es el clicker. Es más conocido en el adiestramiento canino, pero puede utilizarse con cualquier animal. El clicker es un pequeño dispositivo que contiene una rana que hace clic. Si lo pulsas, oyes el típico sonido de clic. Se adiestra a un caballo pulsando el clicker una vez tras completar con éxito un ejercicio y dándole inmediatamente una golosina. Esto se practica hasta que el caballo haya entendido el sonido del clic como un elogio. Una ventaja del clicker es que también puedes elogiar a cierta distancia.

El clic se puede combinar con el trabajo con el palo diana. Se trata de un palo con una pelota en la punta. Cuando el caballo la toca con el hocico, se le elogia. El animal asocia algo positivo con el palo. El objetivo es utilizar el palo objetivo para que los caballos conozcan cosas desconocidas.

Obra Cavaletti

Trabajar con cavalettis es un ejercicio de atención y resulta práctico cuando el caballo es joven si tienes intención de trabajar los saltos más adelante. Pero, ante todo, gimnasia a todo caballo y a todo jinete, ya que requiere un asiento firme. Nada funciona sin equilibrio. Los cavalettis son pértigas de unos 3 metros de longitud. Se colocan en el suelo o formando obstáculos de

40 a 80 centímetros de altura. Se pueden colocar de varias maneras.

Sin embargo, suele haber varios postes seguidos. En primer lugar, el caballo debe familiarizarse con la mejor forma de pasar por encima de ellos. Para ello, sólo se le debe conducir por encima de ellos al principio del trabajo con cavalettis. Una vez que el caballo parezca más seguro, puedes empezar a pasar por encima de ellos al paso. Si esto también funciona sin problemas, puedes pasar al trote y más tarde al galope. Sobre todo, esto refuerza la sensación del ritmo adecuado. Por lo tanto, el entrenamiento Cavaletti también es aconsejable de vez en cuando para los jinetes especializados en doma clásica.

El patio de los caballos

Con las pértigas puedes hacer mucho más que construir pequeños saltos. El patio de recreo para caballos tiene menos tacto que el trabajo con cavalettis. Aquí lo importante es divertirse. Sin embargo, también se requiere concentración. Si algo sale mal, no hay que penalizarlo. Al fin y al cabo, el caballo está aprendiendo cosas nuevas y también debería disfrutarlo. Los errores también forman parte del juego.

Se puede construir un pequeño laberinto o cuadrado con palos en unos sencillos pasos, a través del cual se puede guiar a los amigos de cuatro patas. Todo es cuestión de flexibilidad y seguridad. Las curvas cerradas no son tan fáciles para los caballos. Tienen que cambiar su equilibrio hacia atrás. Este ejercicio es muy práctico para los caballos más jóvenes que se están preparando para la equitación y les reportará beneficios más adelante. El equilibrio de los caballos también se puede entrenar construyendo una "L" con palos. Hay que guiar al caballo hacia delante y hacia atrás a través de ella. Esto requiere concentración y coordinación por parte de ambos.

Si tienes unos cuantos barriles de hojalata o plástico por ahí, puedes utilizarlos para hacer un slalom de barriles. Se pueden montar de cualquier forma.

Al principio, debes asegurarte de que haya suficiente espacio entre los barriles. Puedes reducirlo con el tiempo para aumentar el nivel de dificultad. Además del aspecto lúdico, el resultado es que el caballo se vuelve más flexible.

Hay que tener valor cuando se trabaja con neumáticos de coche. Si tienes neumáticos viejos, también se pueden utilizar para jugar. Esto es especialmente bueno para generar confianza, ya que para la mayoría de los caballos será su primer encuentro con este objeto extraño. Así que lo primero que hay que hacer es dejar que el caballo lo huela. Una vez que el caballo se haya familiarizado con el neumático y parezca relajado, se le puede llevar más hacia él hasta que posiblemente ponga una pezuña delantera en él. Si no, también puedes ayudarle un poco levantando la pata y colocándola lentamente en el neumático. Si esto tiene éxito, hay que elogiarlo ampliamente. Con un entrenamiento constante, puedes trabajar para conseguir que el caballo se ponga de pie con las cuatro patas en el aro al mismo tiempo. Este ejercicio es especialmente útil si, por ejemplo, hay que refrescar las patas en cubos de agua debido a una enfermedad.

Pero también hay muchas otras formas de desarrollar un patio de recreo para caballos. Todo lo que necesitas es creatividad.

Pulmón

En el lunging, dejas que el caballo camine en círculo a tu alrededor sobre una cuerda de lunging (de unos 9 metros de longitud). El caballo puede llevar una brida sin riendas o un cavesson. Se trata de una brida que se construye como una muserola típica, sólo que actúa sobre el hueso de la nariz y no a través de la boca. Si utilizas una brida con bocado, se recomienda el uso de gafas de pulmón. Estas gafas son una correa corta, normalmente de cuero, a la que se sujetan mosquetones en ambos extremos. Se enganchan a las anillas del bocado desde abajo. La cuerda de asalto se sujeta a un tercer mosquetón en el centro de la correa. Al utilizar las gafas de embestir, el efecto de la cuerda de embestir no se distribuye sólo en un lado, sino uniformemente en ambos lados del bocado.

Para ayudar a los caballos a estirarse y recogerse, se puede utilizar una cincha con riendas auxiliares. Se coloca en la cruz como una silla de montar. Se le fijan una serie de anillas para poder sujetar las riendas auxiliares. Un ejemplo serían las riendas triangulares. Consisten en 2 correas largas que se sujetan al punto más bajo de la cincha y luego pasan entre las patas delanteras hasta las anillas del bocado. Allí se tiran y corren a derecha e izquierda del caballo hasta las anillas, donde se sujetan de nuevo. Se forma un triángulo entre la anilla del bocado y la cincha. Asumen el puño de la rienda guía del jinete y sólo deben tener un efecto de apoyo en cuanto a estiramiento y contacto. Una fusta también forma parte del equipo básico necesario para la embestida. Se utiliza para encuadrar al caballo. Debe dirigirse siempre justo detrás de los cuartos traseros para impulsar al caballo hacia delante. Se forma un triángulo entre el jinete, la cabeza y los cuartos traseros del caballo. La fusta puede balancearse para intensificar el impulso. Para ralentizar el ritmo, puede dirigirse más atrás, de modo que el triángulo se abra y el caballo tenga espacio hacia atrás.

El trabajo desde arriba es especialmente adecuado como cambio en el programa de entrenamiento. Sin embargo, también ofrece una buena alternativa si el jinete no puede trabajar al caballo desde arriba por motivos de salud, por ejemplo, o si no se puede montar al caballo. En general, el trabajo a la cuerda favorece la concentración, la forma física y la coordinación, así como la confianza. También es útil para el entrenamiento del asiento y las clases de principiantes. El jinete puede prestar toda su atención al asiento sin tener que concentrarse al 100% en la velocidad o la dirección en la que cabalga. Trabajar en la línea de embestida también hace que el instructor se sienta más cómodo. Puede intervenir mejor y concentrarse más en el asiento del alumno.

Es importante recordar que los lados deben cambiarse con regularidad, ya que el caballo sólo se mueve en una dirección cuando va a la cuerda. Aquí también debes pensar en la regularidad.

Equitación

La equitación abarca el arte general de montar y el trato justo a los caballos. Por tanto, comienza en cuanto empiezas a tratar con el animal.

El término fue popularizado por Pat Parelli y Monty Roberts, ambos antiguos jinetes de Ro-deo. El objetivo es establecer una conexión con el caballo y no exigirle un rendimiento que no pueda ofrecer. Esto sólo puede conseguirse con reglas claras y una comunicación justa. El adiestramiento correcto se caracteriza por pequeños pasos que se construyen unos sobre otros.

PAT PARELLI - EQUITACIÓN NA-
TURAL

La doma natural, según Pat Parelli, consiste principal-
mente en entrenar a las personas para que comprendan
lo mejor posible el comportamiento del caballo. Por encima de todo, el trabajo con el caballo requiere confianza mutua, respeto y comunicación libre, teniendo en
cuenta los diferentes caracteres de los caballos. Esto es
lo que describe el término "horsenalidad". Incluso entre
los caballos, hay animales extrovertidos e introverti-
dos. Los distintos tipos de caballos requieren distintas
formas de manejo. Puede que algunos ejercicios tengan
que enfocarse de forma completamente distinta para
que el caballo entienda en absoluto al humano. Se distingue entre caballos de "cerebro izquierdo" y de "cerebro derecho". Los caballos de cerebro izquierdo son va-
lientes, dominantes y tranquilos, mientras que los de
cerebro derecho tienden a ser desconfiados, reservados
y temerosos.

Un paso más en el análisis de la "horsenalidad" es
averiguar si un caballo es introvertido, es decir, con po-
cas ganas de avanzar, o extrovertido, con mucha energía y ganas de moverse . Esto lleva a la siguiente con-
clusión: un caballo que es "de cerebro izquierdo,

extrovertido" necesita mucha variedad y aprende con rapidez. Si el caballo es "de cerebro izquierdo, introvertido", sabe exactamente lo que quiere y no suele estar preparado para hacer más. "Cerebro derecho, extrovertido" es un caballo que se pone ansioso rápidamente y lo cuestiona todo. Un caballo reservado y tranquilo pertenece a la categoría "cerebro derecho, introvertido". El comportamiento que elijan los humanos al tratar con un caballo debe adaptarse según la categoría, por ejemplo, dominante o inspirador de confianza. Sólo así se garantiza una comunicación justa y libre.

También existen los "Siete Juegos según Parelli". También están diseñados para optimizar la comunicación entre humanos y caballos. Los juegos se basan unos en otros. Sin embargo, siempre se puede incorporar el primer juego entre ellos.

"El Juego Amistoso" constituye el inicio de la serie de juegos. El objetivo es tranquilizar al caballo diciéndole que no le harás daño y que puede confiar en ti. El animal es influido repetidamente de forma positiva al ser acariciado. De vez en cuando, sin embargo, se enfrenta a situaciones u objetos aterradores. Por ejemplo, podría tratarse de la almohadilla de la silla de montar de un animal joven. Se coloca repetidamente sobre el lomo del caballo durante las caricias, luego se acaricia y se vuelve a quitar. Durante este tiempo, el caballo no debe estar atado, sino sólo sujeto por una cuerda. El caballo debe tener la oportunidad de apartarse si es necesario. También es importante que la alternancia de enfrentamiento y caricias se produzca a un ritmo constante. Esto permite al caballo anticiparse a la situación. Esto le da una sensación de seguridad. El objetivo es que el caballo aprenda que no le ocurrirá nada malo en presencia de los humanos.

El juego número dos es **"El** juego **del puercoespín".** El objetivo es enseñar al caballo a ceder a la presión. Se puede utilizar para enseñar giros de los cuartos delanteros y traseros en el suelo, así como a retroceder y bajar la cabeza. Tomemos esto último como ejemplo: primero aplica una presión ligera y constante detrás de la grupa con la punta de los dedos. Si el caballo no responde, se intensifica. Si después no ocurre nada, se aumenta un poco más. Si el caballo baja la cabeza, se retira la presión inmediatamente y por completo. El hecho de que no siga la presión es una conexión positiva para el caballo. Tras unas cuantas sesiones de práctica, el caballo comprende que debe responder a la presión cediendo.

El "Juego del Conductor" es el tercer nivel del juego. Se basa directamente en el "Juego del puercoespín". Ahora el caballo debe aprender a ceder el paso al humano sin ser tocado. Por ejemplo, si tiene que retroceder, se acerca al animal directamente. Lo ideal es que retroceda enseguida si ya ha comprendido que hay que mantener cierta distancia. Si no, puedes ayudarle con un movimiento de la mano o balanceando una cuerda. Pero ni siquiera entonces se debe tocar al caballo. Esto se practica hasta que el animal retrocede cuando se reduce la distancia.

El cuarto juego es **"The Yo-Yo-Game"** (el juego del yo-yo). El objetivo es hacer retroceder al caballo en línea recta y luego volver a cargarlo. Este juego también debe jugarse sin tocar al caballo (excepto para elogiarlo).

A esto le sigue **"El** juego del **círculo".** Para ello se cuelga al caballo. El objetivo es que el caballo mantenga la marcha requerida hasta que se le pida que haga otra cosa. Mientras tanto, debes permanecer en el centro del círculo y no caminar. En cuanto el caballo se salga de la marcha requerida, se le introduce en el círculo y se le vuelve a enviar fuera. El caballo comprenderá rápidamente que es más cómodo permanecer en el círculo. Si mantiene el paso correcto, se le deja en paz. También se pueden incorporar cavalettis en el círculo durante este ejercicio para aportar variedad.

En el **"juego lateral",** primero se envía al caballo aplicando una ligera presión sobre la cabeza y luego sobre los cuartos traseros. Esto se repite hasta que el caballo se alinea y se desplaza lateralmente. Es útil realizar este ejercicio delante de un muro o valla para que el caballo no pueda avanzar. Es importante que el ejercicio se practique uniformemente en ambos lados del caballo.

El último juego es **"El Juego del Apretón".** Te colocas a unos tres metros de una pared y pides al caballo que corra entre ellos. A continuación, la distancia a la pared se reduce lentamente a un metro. Hay que dar al caballo un momento para que se relaje después de recorrerlo, de modo que lo combine con la comodidad. Esto puede darte muchas ventajas a la hora de cargarlo en un remolque.

Cada uno de los juegos es mentalmente exigente para el caballo. Por lo tanto, es importante asegurarse de que no se sobrecarga. Pensar también puede ser muy agotador.

MONTY ROBERTS - UNIRSE

Uno de los métodos especiales de Monty Roberts es la monta. Originalmente era una alternativa a la "doma", es decir, domar por la fuerza a los mustangs salvajes. En un corral redondo (una zona circular vallada), el caballo se mueve libremente alrededor del domador, que está en el centro. Al alejar al caballo mediante señales manuales o lanzando una cuerda de estocada en dirección al animal, el adiestrador quiere dejar claro: "Si no quieres venir a mí, vete". Si el oído interno se dirige hacia el entrenador, éste sabe que tiene la atención del caballo. Como los caballos son animales de manada, al cabo de un rato sentirán el impulso de unirse a alguien. Lamiéndose los labios, masticando y bajando la cabeza, el caballo indica que se somete.

Si el caballo lo manifiesta, el instructor se coloca ligeramente delante del caballo para frenarlo. A continuación, el instructor se vuelve hacia el eje del animal en un ángulo de 45 grados con la mirada baja. Esto se conoce como "invitar al caballo a la manada". Si el caballo responde, se acerca al instructor y busca el contacto, lo que se denomina "unirse". El instructor puede ahora girarse lentamente hacia el caballo y acariciarle antes entre los ojos. Después, también puede rascar al caballo por todo el cuerpo para darle la bienvenida. En la naturaleza, los caballos primero se olfatean y llegan a conocerse. No se establece contacto visual durante todo el proceso.

A la unión le sigue ahora el seguimiento. Si el instructor empieza a andar, cabe esperar que el caballo le siga. El caballo le ve como un líder y se ha sometido.

Sin embargo, si el animal no se acerca al instructor, éste puede caminar un poco hacia delante y hacia atrás, manteniendo una actitud pasiva hacia el caballo y guardando una distancia suficiente. Si el caballo sigue sin reaccionar, se le envía de nuevo lejos y el juego vuelve a empezar.

Aderezo natural

Durante siglos, el caballo se consideró exclusivamente un animal de granja. A menudo se asocia con el deporte de la doma y algunas personas cuestionan las intenciones del jinete. Los críticos suelen decir: "El caballo no es más que un objeto deportivo de buen aspecto que tiene que rendir. Si no lo hace, se utilizan medios más duros". Cada uno tiene que decidir por sí mismo qué normas quiere seguir cuando trabaja con sus amigos de cuatro patas. Que algunos comportamientos sean cuestionables no significa que la doma sea cruel con los animales. Dar clases en una prueba no tiene nada que ver con dar clases porque sí, como en el circo. La doma es la base de todo adiestramiento de caballos. El objetivo es mejorar la capacidad de movimiento del animal y establecer una fina comunicación entre jinete y caballo. El caballo no está hecho para la doma, sino que la doma está hecha para el caballo. Los músculos del caballo deben aflojarse, elastizarse y gimnasiarse. Sólo así se pueden dominar las lecciones de doma con éxito y de forma adecuada.

LA FORMACIÓN

Para que un caballo esté dispuesto a trabajar, tenga buenos modales y sea agradable de montar, necesita un adiestramiento cuidadoso. El entrenamiento de un caballo se basa en una escala publicada por la Federación Ecuestre Alemana (FN). Se divide en distintas fases. La primera fase es la de familiarización, en la que se entrenan el ritmo y la flexibilidad.

Esto significa que se presta atención a la uniformidad de los pasos y saltos y a que los músculos se tensen y relajen sin tensión. Esta fase conduce al desarrollo de la fuerza de empuje en la fase dos. Aquí ya se trabaja en una conexión estable y suave entre la boca del caballo y la mano del jinete.

También debe desarrollarse el balanceo. Esto significa que los cuartos traseros deben volverse más activos para crear un movimiento general de avance sobre la espalda. En la tercera fase, el objetivo es desarrollar la fuerza de sustentación. Para conseguirlo, ambos lados del cuerpo del caballo deben entrenarse por igual, para compensar la torcedura natural que tiene cada caballo. También es importante desarrollar la recogida en la fase final. Para conseguirlo, hay que entrenar los cuartos traseros para que se hundan más. Esto puede fomentarse, por ejemplo, trabajando los cambios de tempi y la entrada de hombros (una forma de movimiento lateral). En algunos casos, los puntos individuales se desarrollan en paralelo y solapan las tres fases.

Mediante el trabajo desde el suelo y el entrenamiento general, además de las fases también trabajamos la permeabilidad y el equilibrio. El caballo se entrena de forma justa según este concepto. La teoría de la equitación clásica se basa en las necesidades, las disposiciones individuales y los requisitos físicos del animal. Debe ser gimnasiado y fortalecido de forma equilibrada. Esto requiere un jinete con ayudas finas y un asiento equilibrado. El objetivo es conseguir un caballo dispuesto y confiado que esté preparado para rendir. Esto sienta las bases para el entrenamiento posterior.

A los caballos no se les puede enseñar nada que su naturaleza no pueda hacer por sí misma. Pueden hacer todas las lecciones de doma de todos modos, sólo les entrenamos para realizar una lección con una ayuda específica.

LA ESTRUCTURA DE UNA CLASE DE EQUITACIÓN CON APOYO

Comenzamos con la fase de solución. Es muy importante porque constituye la base del entrenamiento. Aquí ya se pueden cometer errores. Demasiado poco andar, no avanzar lo suficiente, no batir las figuras del casco , giros demasiado cerrados, pedir lecciones demasiado pronto, etc. Por eso aquí es especialmente importante prestar atención al caballo. Como su nombre indica, el caballo debe aflojarse en esta fase. Esto significa que hay que calentar los músculos y las articulaciones y estimular la circulación.

Comienza con una fase de paseo. Suele durar unos 10 minutos, pero varía de un caballo a otro. Un caballo de deporte se calentará más rápidamente que un caballo mayor. Los cambios frecuentes de paso, los cambios de mano y las grandes líneas curvas ayudan a evitar el sobreesfuerzo de las articulaciones. El tiempo que se tarda en alcanzar el objetivo de la fase de liberación varía de un caballo a otro. Puedes comprobar la disposición a estirarse "soltando las riendas de la mano". Puedes comprobar si el caballo está parado en las ayudas rozándolo (empujando el puño de la rienda hacia delante a lo largo de la cresta de la crin). Si todo funciona sin que el caballo se salga, puedes pasar a la siguiente fase. En la fase de trabajo, deben alcanzarse todos los puntos mencionados en la escala de entrenamiento.

Aquí se ponen a prueba la uniformidad, la flexibilidad, la recogida, la permeabilidad, etc. Lo que hay que conseguir exactamente como objetivo en esta fase y hasta qué punto se ponen a prueba las lecciones depende del nivel de rendimiento del jinete y del caballo. Los objetivos del entrenamiento deben adaptarse siempre al nivel de entrenamiento de ambos socios. Básicamente, se aplica lo siguiente: el contacto puede fomentarse cambiando el modo de andar y variando los golpes del casco. La recogida puede mejorarse con la ayuda de paradas (interacción de ayudas de peso, pierna y rienda), giros cortos (el caballo gira 180 grados alrededor del dorso con el delantero) y hacia atrás. Existen innumerables revistas y libros que te darán más ideas para el entrenamiento, te aportarán variedad y te permitirán establecer nuevos objetivos. También puedes obtener buenos consejos de jinetes o entrenadores experimentados.

Es importante hacer descansos entre cada ejercicio. Quedarse atascado en un ejercicio es contraproducente. Tanto el animal como el jinete se cansan e incluso pueden frustrarse. Por eso debes hacer pausas de unos minutos de vez en cuando durante el entrenamiento intensivo para relajarte y respirar hondo.

Una vez completada con éxito la fase de trabajo, no intentes nada más. La formación debe terminar siempre con una experiencia positiva. Si algo no sale según lo previsto, no es el fin del mundo. Las bajadas forman parte de ella, de lo contrario no habría subidas. En un bajón, no hay que culpar a nadie de que algo no salga bien. Se trata más bien de darte cuenta de tus defectos y utilizarlos para seguir desarrollándote. A menudo se debe simplemente a la forma del día que algo no va bien, ya sea para nosotros o para el animal. Al igual que los humanos, los caballos también tienen días malos en los que no tienen suficiente energía o la cabeza ya les da vueltas mentalmente. Las yeguas, en particular, suelen tener temperamentos cambiantes. No debes culpar al caballo ni culparte a ti mismo. Siempre hay un nuevo día. Por último, hay que realizar una lección que sin duda acabará con un resultado positivo. Cuando estés satisfecho con ello, empieza la fase de relajación. La lección termina con un trote ligero relajado y "soltando las riendas de la mano". A continuación sigue una fase de paseo adaptada al entrenamiento, en la que el caballo puede estirarse hacia delante y hacia abajo. Por lo tanto, debe arquear el lomo y dar un paso activo con los cuartos traseros para que pueda caminar libremente desde el hombro.

LAS LECCIONES DE LA DOMA CLÁSICA

La "doma clásica", o más bien el entrenamiento de las lecciones, no está al servicio del jinete, sino de la gimnasia del caballo. Por tanto, no sólo se le desafía, sino que sobre todo se le anima. Las incoherencias o incluso los problemas pueden resolverse mediante distintos ejercicios. En doma, estas lecciones se muestran durante una prueba según la clase. Veremos las ayudas necesarias y la correcta ejecución de las lecciones más comunes.

Al **dar marcha atrás**, el caballo retrocede en diagonal en doble tiempo. El caballo da patadas y no pasos como de costumbre. Normalmente, un caballo camina en tiempo de cuatro tiempos, por lo que coloca cada pezuña individualmente. Sin embargo, al retroceder, el caballo camina en tiempo de dos tiempos, es decir, simultáneamente hacia delante a la derecha y hacia atrás a la izquierda, y luego simultáneamente hacia delante a la izquierda y hacia atrás a la derecha. Esta lección requiere que el jinete tenga un asiento equilibrado y que el caballo esté atento a las ayudas. Para evitar errores, el ejercicio debe iniciarse desde el suelo. La sincronización es muy importante aquí, por lo que hay que prestar atención a cada movimiento del caballo. Esta lección se puede montar desde cualquier paso. Una vez que el caballo haya parado y esté de pie, debes pensar primero hacia delante. En cuanto el caballo quiera dar su primer paso en el hombro, puedes pensar hacia atrás. Alivia ligeramente la espalda del caballo para darle espacio para moverse hacia atrás. Ahora aumenta el impulso y da una media parada. Dependiendo de cómo esté el caballo, hay que aumentar o reducir las ayudas de impulso y alivio. El objetivo es un caballo recogido y claramente descalzo.

El **giro corto** es un giro de los cuartos traseros en el que el caballo gira 180 grados alrededor de los cuartos traseros con el derechazo. Importante: el caballo no debe dar un paso hacia delante, sólo hacia los lados. El requisito previo es que el caballo esté recogido y que sus cuartos traseros puedan soportar peso.

El giro corto lo inicia el jinete dando una media parada para recoger al caballo. A continuación, lo coloca en el interior. A continuación, el equilibrio se desplaza hacia dentro, la pierna exterior empieza a conducir con cuidado y se indica la dirección con la mano interior. La pierna exterior no debe estar demasiado atrás durante este proceso, ya que esto activaría los cuartos traseros y el caballo entraría en una cesión de piernas. Una vez que el caballo está de nuevo sobre el casco, se endereza.

La equitación al **trote y al galope centrales** gimnasia muy bien a los caballos y fortalece sobre todo los cuartos traseros. Esta lección muestra hasta qué punto el jinete puede influir en el animal. A menudo se supone que el caballo sólo necesita avanzar más deprisa, pero ése no es el objetivo aquí. El objetivo es aumentar la longitud de las zancadas y que el caballo realice activamente el hipopresivo con los cuartos traseros. Para conseguirlo, el jinete refuerza las ayudas de conducción y, al mismo tiempo, vuelve a coger al caballo por delante para que dé pasos hacia la mano del jinete. El requisito previo para ello es que haya un contacto constante y que el animal responda bien a las ayudas de la pierna y el peso del jinete.

El **trote y el galope recogidos** muestran lo contrario. Los cuartos traseros asumen más peso, las zancadas se acortan y hay un momento de suspensión ligeramente más largo entre las zancadas.

Para muchos caballos, el **galope exterior es** difícil porque no pueden equilibrarse lo suficiente. También suelen carecer de fuerza en los cuartos traseros para soportar la carga. Sin embargo, con un poco de práctica, todo es posible. Al principio, se monta al caballo al galope de mano y luego se introduce el cambio de mano. Una figura práctica de golpe de casco para esto es "barrer desde la esquina". Una vez en la nueva mano, tienes que mantener al caballo en la mano anterior. Esto significa que la pata interior permanece detrás como si fuera la pata exterior y el caballo sigue girado ligeramente hacia el exterior. Es importante mantener el equilibrio del caballo tanto como sea posible en . Esto también mostrará si el caballo está en las ayudas y en recogida.

La **entrada de hombros es** una gran lección para mejorar la flexibilidad y el equilibrio del caballo, así como su recogida. El caballo se coloca desde la cabeza hasta justo detrás de los hombros hacia dentro, de modo que se mueva con un total de 3 golpes de casco y se coloque en un ángulo de unos 30 grados con respecto al límite de la arena o picadero. Sin embargo, no debe inclinarse demasiado. Es mejor montar el hombro hacia dentro desde un círculo. Al acercarse a la recta larga, se mantiene la posición, pero se conduce al caballo recto a lo largo de la barandilla con la rienda interior. La rienda exterior puede abrirse ligeramente para dar al caballo espacio para moverse. Es importante que el jinete permanezca erguido en la silla. Si desplaza su peso, desequilibrará al caballo. Se puede montar al paso, al trote y al galope.

El rendimiento de la **pierna es una** buena lección, sobre todo para los principiantes, para comprender la interacción entre el peso, la pierna y las ayudas de la rienda, ya que éstas deben estar muy bien coordinadas para dominar el ejercicio. Al igual que en la subida de hombros, el caballo se mueve sobre varios cascos. Aquí, cada casco está en un golpe de casco, por lo que se utiliza un total de cuatro golpes de casco. El caballo se coloca a un máximo de 45 grados. Al principio, también puede colocarse hacia la barandilla, lo que puede ayudar con las líneas. Por lo demás, el jinete suele girar hacia el centro o el cuarto de línea y, a partir de ahí, cambia a través de la arena. Para ello, el jinete desplaza su peso hacia un lado y conduce con la pierna interior, a la que el caballo debe ceder. Es importante que el jinete no sólo se desplace hacia un lado, sino también hacia delante. La pierna exterior permanece en contacto con la cincha. La rienda exterior se utiliza para establecer los límites. La rienda interior se utiliza para dar la posición. Sin embargo, el caballo no debe doblarse, sino ir recto. Por eso esta lección no forma parte de los movimientos laterales.

El **travesaño, en** cambio, es uno de los movimientos laterales. Se monta al trote recogido o al galope recogido. Al igual que con la cesión de piernas y la entrada de hombros, el caballo se desplaza hacia delante y hacia los lados, pero está doblado y colocado. Según el nivel de dificultad, el caballo se desplaza por toda la pista o, en las clases superiores, sólo por la mitad de la pista.

La lección se introduce con medias paradas para recoger al caballo. Al pasar del lado corto al lado largo, se mantiene la curva y la posición desde la curva. Se carga la nalga interior, la pierna interior impulsa y mantiene al caballo en la curva, mientras que la pierna exterior se sitúa detrás de la cincha e inicia el movimiento hacia delante y hacia los lados. La rienda interior puede utilizarse para apoyar el movimiento lateral. La rienda exterior tiene un efecto limitador. Una media travesía sólo se monta hacia o desde la línea central. En la travesía en zigzag, el jinete gira hacia la línea central y realiza la travesía hasta el cuarto de línea.

Allí el jinete cambia y atraviesa la línea central hasta la línea de cuartos del otro lado. El jinete vuelve a cambiar y sólo se desplaza hasta la línea central. La travesía termina ahí.

La travesía también puede realizarse al galope. En los puntos de cambio se realiza un cambio volante.

Los cambios sencillos de galope exigen y fomentan la permeabilidad del caballo. El requisito previo para ello es que el caballo sea capaz de pasar con calma y fluidez del galope al paso y que también pueda ir al galope desde el paso. Una vez consolidado esto, se pueden trabajar los cambios. En un cambio de galope sencillo, se pasa al caballo del galope al paso y se monta aproximadamente una distancia de un caballo. Primero se monta al caballo recto y luego se cambia a la otra mano. A continuación, se vuelve a cabalgar con la nueva mano. La mejor forma de practicar esto es "cambiar por el círculo" o "salir de la esquina". La "salida de la curva" se realiza al galope con la mano. Una distancia de un caballo antes de llegar al casco, el caballo pasa al paso y se cambia. A continuación, el caballo vuelve a galopar con la nueva mano. Se sigue el mismo procedimiento en círculo. Se "cambia de círculo" y el caballo se para en X, se recoloca y se vuelve a galopear.

Si el cambio simple funciona bien, puedes empezar a trabajar en el cambio **volante.** Las figuras de golpe de casco adecuadas en este caso son también "cambio fuera del círculo", "cambio fuera de la esquina" y "cambio a través de toda la arena". Tomemos el ejemplo del "cambio a través de toda la arena". La figura del golpe de casco se monta al galope manual. X es el punto en el que debe producirse el cambio en vuelo. Para empezar, puedes colocar un cavaletti en el punto donde quieres saltar como ayuda. Luego puedes cambiar a una pértiga apoyada en el suelo. Si esto también funciona, puedes quitarlo y practicarlo sin ayudas.

Los cambios de serie sólo se exigen a partir del nivel avanzado. Se trata de una serie de cambios al galope volante. Se distingue entre cambios simples, dobles, triples y cuádruples. En el cambio simple, se realiza un cambio volante en cada salto de galope. El caballo permanece recto. El cambio doble se realiza después de cada segundo salto al galope. Los cambios triples tienen lugar después de cada tercer salto al galope y los cambios cuádruples después de cada cuarto salto al galope. La mayor dificultad reside en mantener el mismo tempo y ritmo.

Las **carrileras** se pueden utilizar para montar a un caballo con las ayudas interiores. El cuerpo del caballo se dirige hacia dentro, alejándose de la barandilla por el lado largo. Sin embargo, el caballo se coloca hacia la barandilla. El peso se aplica unilateralmente en la dirección del movimiento y la rienda interior impulsa lateralmente los cuartos traseros. La rienda interior limita y la exterior señala la dirección.

El **piaffe es** una lección que exige una recogida absoluta, porque el movimiento de trote del caballo es tan recogido que el caballo sólo se mueve mínimamente hacia delante. La mano trasera del caballo pasa muy por debajo del cuerpo. Los cascos se levantan hasta el nivel de la cabeza del menudillo. El grado en que un caballo levanta los cascos del suelo se denomina cadencia.

El requisito previo es que el caballo pueda flexionar las articulaciones de la cadera, la rodilla y el corvejón y transportarse. El mayor reto aquí es mantener el ritmo. El jinete se sienta bajo en la silla. Su mano exterior frena el movimiento hacia delante, mientras que la interior mantiene al caballo recto y erguido. Cuánto hay que empujar varía de un caballo a otro, pero la pierna suele estar aproximadamente a medio palmo por detrás de la cincha. Se impulsa alternativamente al compás de las patadas para animar a los cuartos traseros a moverse al mismo ritmo.

El **passage, por su parte**, también es un movimiento de trote recogido, pero la fase de suspensión entre los pasos se alarga considerablemente. El passage se inicia mejor desde el piaffe. El caballo sigue siendo conducido hacia atrás al trote. Esto significa que el movimiento hacia delante se intercepta en la parte delantera. Sin embargo, el movimiento hacia delante no se ralentiza durante el paso. La cadencia del piaffe debe mantenerse y complementarse con una fase de suspensión prolongada.

Una **pirueta** puede montarse al paso, al galope o como un piaffe. No todos los caballos están anatómicamente predispuestos a realizar este ejercicio a la perfección. Lo veremos con el ejemplo de la pirueta al galope: En este caso, la delantera del caballo se mueve en un pequeño círculo alrededor de los cuartos traseros. Una pirueta completa consiste en dar de seis a ocho saltos al galope en los que el caballo gira una vez 360 grados. Una media pirueta es sólo un giro de 180 grados con tres o cuatro saltos.

Para preparar a los caballos para ello de forma lenta pero segura, debes practicar el galope con los hombros hacia dentro en el lado largo. La travesía también puede ayudar en la preparación. Una vez que el caballo esté en un galope recogido, puede empezar el trabajo. La ayuda del peso se desplaza fuertemente hacia dentro. La pierna interior y la rienda interior aseguran la flexión y la posición. La pierna exterior y la rienda exterior guían y limitan al caballo. Cada salto al galope debe montarse como si estuvieras dando una ayuda al galope. Es importante que también se entrene la interrupción de la pirueta. Enderezarse desde un movimiento lateral tan fuerte no es fácil y requiere un alto grado de tacto y permeabilidad.

CLASES DE DOMA CLÁSICA

La doma clásica se divide en distintas clases para diferenciar el ámbito de actuación. Incluso para los jinetes jóvenes, por ejemplo, hay **competiciones de rienda y de estocada**. Forman una clase separada de competiciones ecuestres. A ésta le sigue la **doma E**. E significa principiante y, como su nombre indica, está pensada para proporcionar una introducción a la doma clásica.

Todo el mundo empieza una vez y para eso es ideal. A partir de esta clase, las pruebas de insignia (por ejemplo, la insignia siete de equitación) deben realizarse antes del concurso para garantizar que el jinete cumple los requisitos. Sobre todo en el nivel de principiante, la capacidad del jinete y las habilidades del caballo pueden sobrestimarse. No sólo se examina la equitación práctica de las lecciones de una clase correspondiente, sino también los conocimientos teóricos básicos. La prueba pretende demostrar el dominio de todos los aires básicos en pasos de cascos como círculos, serpentinas o medias pasadas. La mayoría de las pruebas de la clase E se montan en una sección. Esto demuestra que el jinete tiene a su caballo bajo control y si tiene sensibilidad para trabajar junto con otros jinetes. La prueba debe ser armoniosa y sincronizada. Se evalúan el asiento del jinete, la manejabilidad del caballo y la impresión general transmitida durante la prueba. En principio, la prueba sólo dura tres minutos, pero esos tres minutos requieren concentración y pueden ser muy agotadores.

A continuación se realiza la **prueba de doma A**. A significa principiante, pero no significa que sea fácil. La clase se basa en lo que se exige en la prueba de doma E. Además, hay ejercicios un poco más exigentes, como el retroceso, que pretende demostrar que el caballo está recogido. Esto también permite a los jueces ver si el jinete siente las ayudas que puede dar a través de su asiento. Otra lección es "soltar las riendas de la mano". Los jueces quieren ver si los músculos del caballo están relajados o tensos. El exceso de riendas muestra si el caballo sigue las ayudas correctas. Además, no sólo se prueban los aires básicos, sino también el refuerzo para el trote central y el galope central. Esto demuestra si el jinete tiene control sobre el caballo y puede influir en la velocidad en cualquier momento. Además, el jinete debe ser capaz de reducir/extender la arena y montar con precisión milimétrica. También aquí, caballo y jinete deben presentar una imagen armoniosa.

Aunque se describa como una clase fácil, la **doma L es** cualquier cosa menos fácil. Además de los requisitos de la clase A, también hay que recoger. El caballo debe pisar activamente con los cuartos traseros. Esto significa que no sólo debe mostrarse el trote y el galope aumentados, sino también el trote y el galope recogidos. Las transiciones deben ser claramente reconocibles. También se incluyen los voltes al trote y el giro de los cuartos traseros (también: giro corto). Esto permite a los jueces reconocer si el caballo se puede doblar y colocar y si se mantiene correctamente sobre las ayudas. Para reconocer si el jinete ha recogido al caballo, debe mostrarse el galope exterior. En general, la prueba consiste en muchas figuras de golpe de casco que incluyen cambios de mano. Por ejemplo, cambios fuera del círculo o giros fuera de la curva.

A continuación se realiza la **prueba de doma M**. M significa nivel medio y éstas ya son de nivel profesional. En estas clases, la pista era siempre de 20 por 40 metros. En la doma media, el tamaño puede ser de 20 por 60 metros. Las clases siempre se montan con freno. Además de las lecciones de las clases anteriores, se muestran movimientos más laterales, como el travesaño y la entrada de hombros. También se refuerzan el trote y el galope. Por tanto, los cambios de ritmo, el refuerzo y la recogida deben dominarse con seguridad.

También se ensayarán los primeros cambios de vuelo como preparación para las siguientes clases superiores.

Clase S, la más difícil de todas. También se suele montar con freno y dura entre cinco y seis minutos. Aquí se requieren las variaciones más exigentes de las clases.

Esto significa que no sólo hay que mostrar la travesía, sino también la travesía en zigzag y los cambios de travesía al galope. También deben mostrarse el piafé, el passage, los giros, los cambios de galope, los giros sobre sí mismo y la pirueta. A nivel internacional, se distingue entre el St. Georg, el Gran Premio y el Gran Premio Especial.

La coronación de la doma clásica es el estilo libre, también conocido como doma de estilo libre. Se aplica la misma ejecución ecuestre de los movimientos, pero éstos deben presentarse con música. Por tanto, se desarrolla una coreografía adecuada. El jinete decide por sí mismo y por su caballo qué lecciones elige y en qué orden se realizan. La elección de la música puede ir desde la clásica hasta el pop.

Las pruebas se puntúan en una escala de cero a diez. Cero significa que no se ha realizado y 10 significa que la conducción ha sido excelente. Sin embargo, también son posibles puntuaciones intermedias, como 7,8 u 8,3. De este modo, los jueces dan una ponderación a la puntuación. La nota global se compone de las notas individuales de las clases. Si un jinete se cae, se le restan 2,0 puntos. Una monta por debajo de 5,0 ya no se clasificará.

A partir de la clase elemental, no hay un solo juez, sino tres. La puntuación no es entonces una nota, sino un número de puntos.

Como ya se ha dicho, independientemente de las distintas clases, en todas las competiciones se presta atención a la visión de conjunto. El jinete y el caballo deben trabajar juntos en armonía. Comprender la naturaleza del caballo, un asiento equilibrado y ayudas correctas son cruciales para ello.

* 9 7 9 8 2 2 4 7 0 0 4 9 3 *